Cet album est à

Année

Les coloriages du coffre à jouets

Un avion

L'avion transporte des gens ou des marchandises.
Il vole dans le ciel, très haut.

Je colorie l'avion

avion avion avion

Un ballon

Le ballon est une rosse balle gonflée d'air utilisée dans certains jeux et certains sports . Le ballon de football est rond. Le ballon de rugby est ovale.

Je colorie le ballon

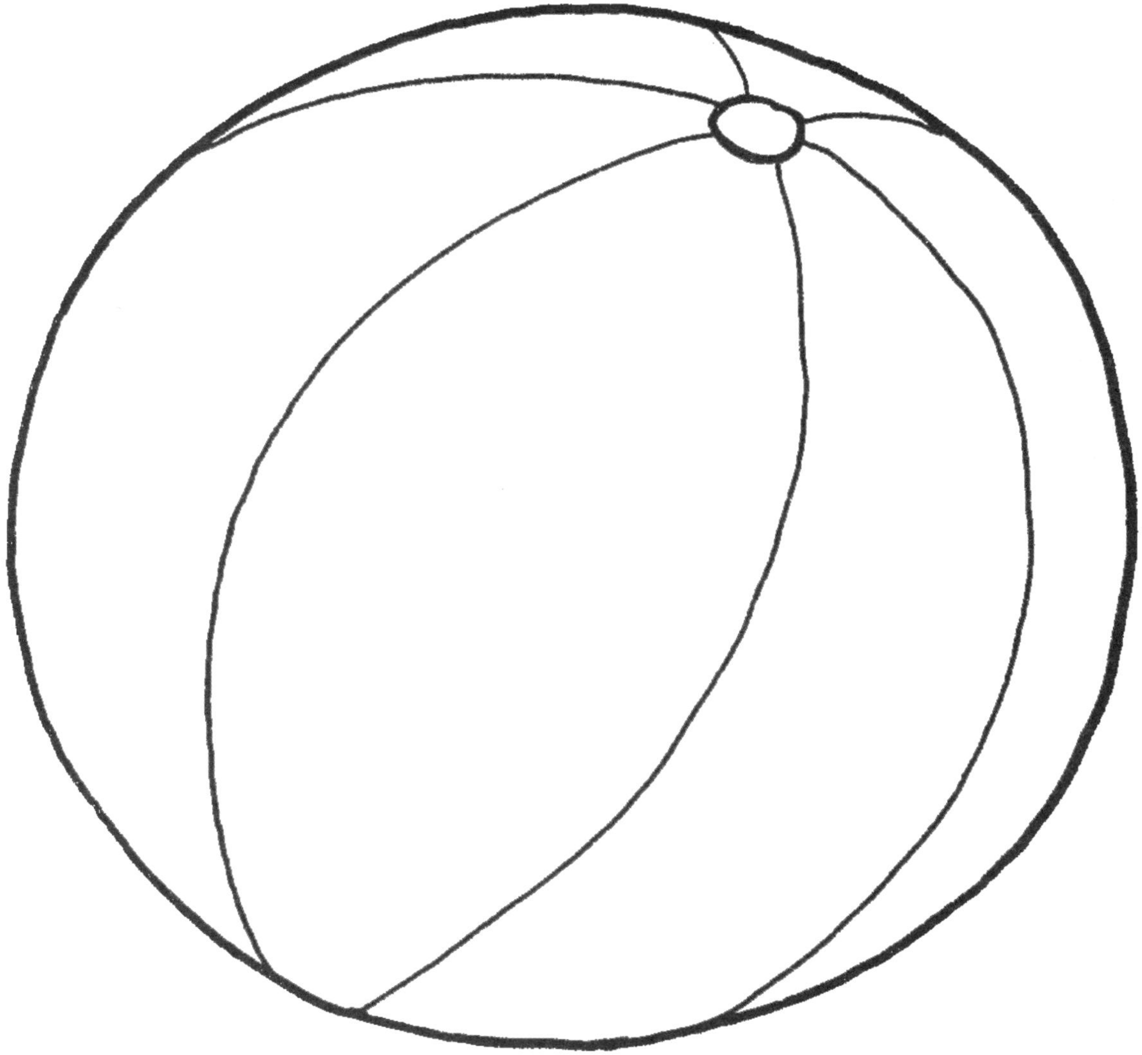

ballon ballon ballon

Un camion

C'est un gros véhicule. La benne sert à transporter des matériaux, des marchandises. Elle est accrochée au camion.

Je colorie le camion

camion camion

Une poupée

C'est un jouet qui a la forme d'un bébé, d'une petite fille ou d'un petit garçon.

Je colorie la poupée

poupée poupée poupée

Un cube

Un cube a six carrés tout autour, un dessus, un dessous et quatre sur les côtés, tous identiques.

Je colorie les cubes

cube cube cube

Un seau

C'est un récipient avec une anse pour le tenir à la main : on remplit le seau d'eau pour aller laver la voiture.

Je colorie le seau

seau seau seau

Un clown

C’est un artiste qui fait rire au cirque. Il a de drôles de vêtements et un maquillage qui se voit beaucoup.

Je colorie le clown

clown clown clown

Un nounours

C'est un jouet tout doux pour les enfants.

Je colorie le nounours

nounours nounours

Une construction

Avec un jeu de construction, on peut construire des maisons, des châteaux ou toutes sortes de choses.

Je colorie la construction

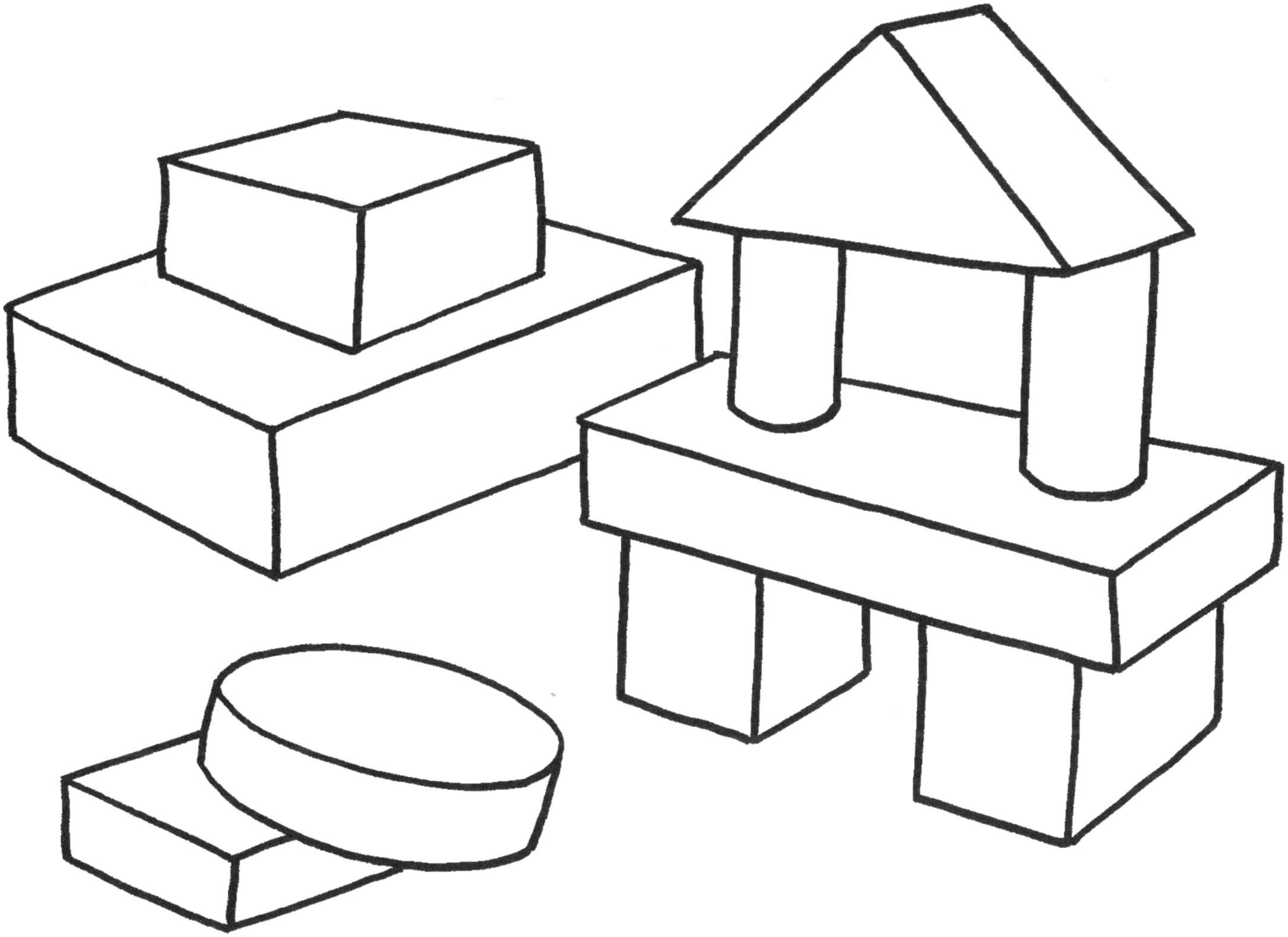

construction construction

Un xylophone

C'est un instrument de musique. Il est fait d'une rangée de longues plaques que l'on frappe avec un petit marteau.

Je colorie le xylophone

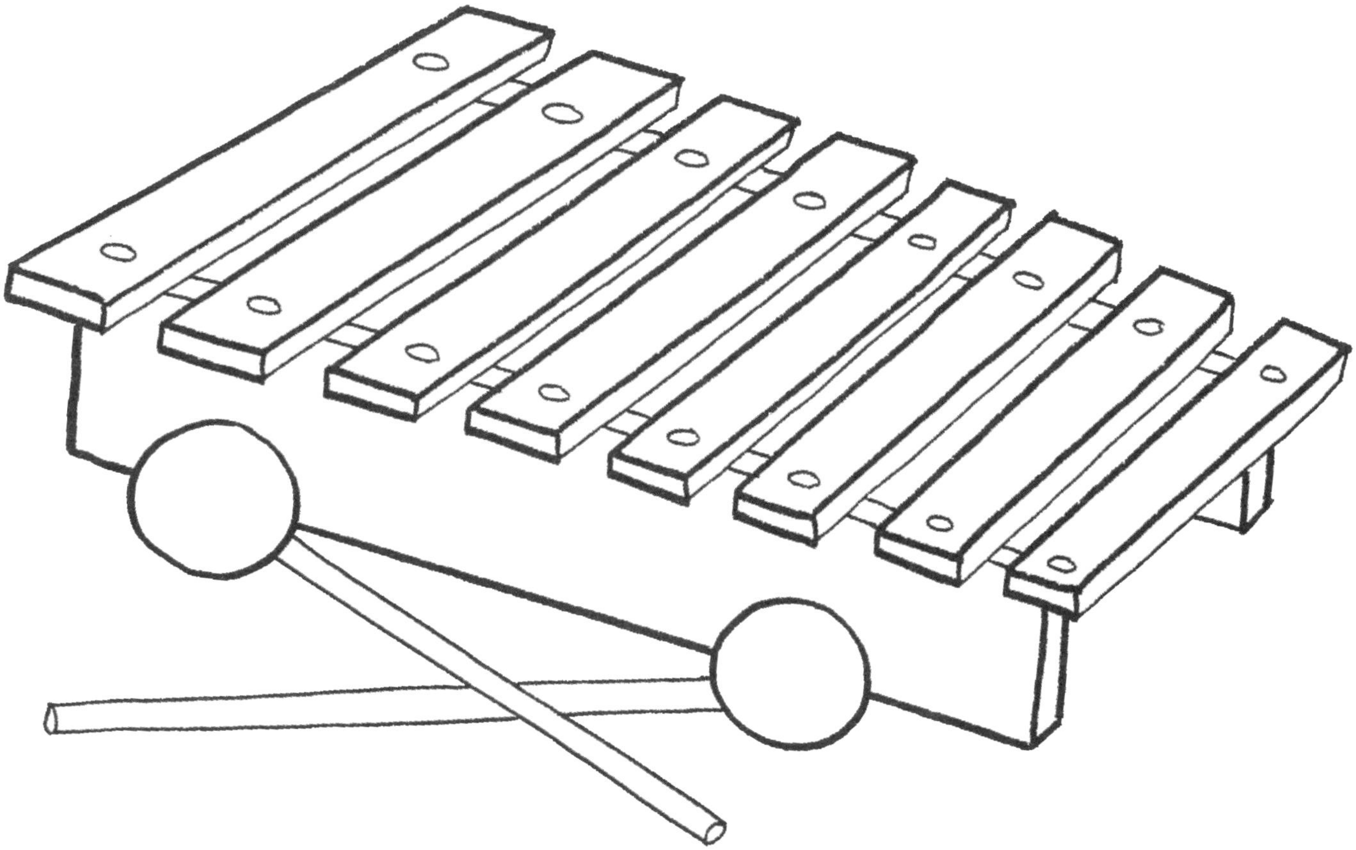

xylophone xylophone

Un yo-yo

C’est un jeu d'adresse qu'on fait monter et descendre au bout d’un fil.

Je colorie le yo-yo

yo-yo yo-yo yo-yo

34-38, rue Blomet - 75015 Paris - France - (33) 01 45 56 02 85
Imprimé en U.E.

ISBN 978- 2-84914-214-1

www.scarabea.com